J. C. V. LEVASSEUR.

L'INSTRUCTION
pour
LA LECTURE, L'ÉCRITURE
ET L'ORTHOGRAPHE.

Imprimerie de MOQUET ET COMP., rue de la Harpe, 90.

X

Imprimerie de Moquet et comp., rue de la Harpe, 90.

CHEZ LE MÊME ÉDITEUR.

ANNALES DE L'ENSEIGNEMENT UNIVERSEL, ou recueil de tous les exercices relatifs à l'application de cet enseignement et des exemples des résultats obtenus par cette méthode, publié par *P.-Y. de Séprés*, directeur du Lycée national, 1 vol in-8.; avec planches.   7 fr 50 c.

UNE VISITE A LOUVAIN, suivie des considérations d'un père de famille sur l'importante découverte de M. *Jacotot*, et d'un modèle de questions à adresser aux élèves de l'enseignement universel; par *E. Boutmy*; 2e édition in-8.   2 fr.

CE QUE C'EST que la méthode Jacotot, lettre par le docteur Ratier ; in-8.   25 c.

RÉSUMÉ des principes de l'enseignement universel; par M. *Deshoullières*, in-8.   1 fr. 50 c.

TÉLÉMAQUE, suivi d'un petit dictionnaire de mots extraits des six premiers livres, et pouvant fournir les premiers sujets de composition ; par M. *de Sé prés*, in-12.   2 fr. 50 c.

COURS COMPLET, pratique de Langue française, par *P. Y. de Sépres*, 2e édition in-8.   4 fr.

CORNELIUS NEPOS, texte avec traduction littérale en regard, précédé d'une instruction normale, par *E. Boutmy;* 1 fort vol. in-12.   3 fr.

ÉPITOME D'HISTOIRE, comprenant les douze époques de l'histoire universelle de Bossuet, suivi d'un résumé de l'histoire de France et de chronologie et précédé d'une instruction normale pour l'étude de l'histoire, par *P.-Y. de Séprés*, in-8.   4 fr.

TÉLÉMAQUE traduit en latin, texte en regard avec la quantité marquée sur les mots, par *E. Boutmy*; premier livre, in-12.   1 fr. 25 c.

COURS COMPLET PRATIQUE DE LANGUE LATINE, ou développement de tous les exercices de la méthode, avec leur application à l'étude du latin ; rédigé d'après les leçons de M P.-Y. de Séprés, par *Charles Claudon*, son élève ; un vol. in-8.   **4 fr.**

TÉLÉMAQUE traduit en grec ancien, texte en regard, précédé d'une instruction normale, par *E. Boutmy*, premier livre, in-12.   1 fr. 75 c.

LE VICAIRE DE WAKEFIELD, texte et traduction nouvelle en regard, par *Benjamin-Laroche*, accompagné d'un spécimen de prononciation, à l'aide duquel on peut acquérir, seul et en peu de temps, la connaissance et la prononciation parfaite de la langue anglaise, in-12.   2 fr. 50 c.

TÉLÉMAQUE FRANÇAIS-ITALIEN, livre 1er, précédé d'une instruction sur l'étude de la langue italienne, par *J.-C.-V. Levasseur*, Membre de la Société asiatique, Membre-fondateur de la Société d'enseignement universel, etc., in-12.   1 fr. 25 c.

TÉLÉMAQUE FRANÇAIS-ESPAGNOL, livre 1er, précédé d'une instruction sur la manière d'étudier la langue espagnole d'après l'enseignement universel ; par J.-C.-V. *Levasseur*, in-12.   1 fr. 25 c.

TÉLÉMAQUE FRANÇAIS-ALLEMAND, livre 1er, précédé d'une instruction sur la manière d'étudier la langue allemande d'après l'enseignement universel ; par J.-C.-V. *Levasseur*, in-12.   1 fr. 50 c.

TÉLÉMAQUE FRANÇAIS-ANGLAIS, livre premier précédé d'une instruction sur la manière d'étudier la langue anglaise d'après l'enseignement universel, et suivi du figuré de la prononciation ; par J.-C. V. *Levasseur*, in-12.   1 fr. 50 c.

CALLIGRAPHIE PRATIQUE ou moyen facile et prompt d'apprendre à écrire seul; ouvrage renfermant 8 modèles et une instruction ; par *Darbel*, in-4°.   1 fr. 20 c.

INSTRUCTION

POUR

LA LECTURE, L'ÉCRITURE ET L'ORTHOGRAPHE.

PAR

J. C. V. LEVASSEUR.

Membre fondateur et Secrétaire de la Société pour la propagation de l'Enseignement Universel et de l'Émancipation Intellectuelle, Professeur de langues.

SUIVIE

DU PREMIER LIVRE DE TÉLÉMAQUE

ET D'UN MODÈLE D'ÉCRITURE.

A PARIS,

Chez MANSUT FILS, ÉDITEUR,

Libraire de la Société d'Enseignement Universel,

rue des Mathurins Saint-Jacques, n°. 17.

1834

INSTRUCTION.

Dans l'ENSEIGNEMENT UNIVERSEL il n'y a point de maître *explicateur*. L'élève doit apprendre seul. Le maître n'est qu'un guide chargé de diriger l'élève dans la carrière qu'il veut parcourir. Il doit éviter soigneusement de lui donner aucune explication et de lui adresser des questions qui auraient pour but de l'amener à faire la réponse qu'il a en vue, se contenter de l'interroger comme le ferait celui qui demande ce qu'il ignore, revenir sans cesse sur les mêmes questions, et surtout sur celles auxquelles l'élève n'aura pas répondu convenablement; car il doit prouver ce qu'il avance par ce qu'il sait. Toute réponse doit être rejetée, non pas comme mauvaise, mais comme étant en dehors de la ligne tracée, si elle n'est pas justifiée par l'*épitome*, c'est à dire, par le livre qu'il faut *apprendre par cœur et auquel on doit rapporter toutes les acquisitions subséquentes* : tel est le principe fondamental de l'enseignement universel. Cette abnégation de tout savoir vis-à-vis de l'élève, ainsi que l'exige ce mode d'enseignement, est une des plus grandes qualités requises.

Pour juger d'une expérience, il faut en suivre le procédé dans tous ses détails. C'est donc à le faire connaître que nous devons nous attacher principalement, et quoique cette instruction soit spécialement destinée à indiquer la manière de diriger la lecture et l'écriture, elle suffira cependant pour faire voir qu'en employant les mêmes moyens on pourra diriger toute autre branche d'enseignement, puisqu'il ne s'agit que d'apprendre quelque chose de la science que l'on veut acquérir et d'y rapporter tout le reste.

Un père ne sachant ni lire ni écrire, mais doué d'une ferme volonté, veut diriger son fils dans l'étude de la lecture et de l'écriture. Il prie un ami de lui écrire ou de lui procurer la prière qu'il sait par cœur ainsi que son fils. Alors il dit à son fils : « Mon cher enfant, notre voisin m'a remis ce papier sur lequel est la prière que nous répétons tous les matins ensemble. Comme je veux t'apprendre à lire, quoique je ne le sache point, il est bon de nous assurer qu'on ne s'est pas trompé en nous le remettant. Vérifions ensemble. Comptons d'abord tous les mots de dix en dix, je suppose, et plaçons un signe sur le dixième de chaque série pour le reconnaître. Le premier mot *Notre* doit être fait comme le trentième ; car on dit deux fois *notre* dans la prière. »

Si le père voit une différence dans la forme de la première lettre de ces mots *Notre*, *notre*, il demande à son fils s'il pense que les mots se ressemblent. Si l'enfant répond affirmativement, le père devra exiger la justification de cette ressemblance. Si l'enfant ne voit rien, le père n'insistera point ; mais il reviendra sur cette question dans les leçons suivantes, jusqu'à ce que la réponse soit satisfaisante.

Le père continue la vérification. Les 7ᵉ, 12ᵉ et 16ᵉ mots doivent se ressembler, car on dit *Que* presque trois fois de suite. Les 8ᵉ, 13ᵉ et 17ᵉ mots doivent être également semblables ; c'est *votre* qui se répète aussi trois fois de suite. *Que votre* nom soit sanctifié. *Que votre* règne arrive. *Que votre* volonté, etc. Le 10ᵉ et le 15ᵉ sont dans le même cas, c'est *soit*. * »

---

* C'est de cette manière que je parvins à découvrir parmi

L'enfant regarde attentivement, et justifie la ressemblance des mots. Le père, certain de posséder la copie de sa prière, commence alors à diriger son fils d'après la manière qui lui a été enseignée par quelque disciple, et que nous allons développer sur le premier livre du Télémaque dont nous nous servons. Dans ce cas le maître sait lire, ou s'il ne le sait, nous supposons du moins qu'il sait les premiers paragraphes par cœur, comme le père de famille sait sa prière.

Le maître prononce le mot *Calypso*, qui est le premier, (dans la prière le père prononce le mot *Notre*) l'élève place son doigt sur le premier mot et le répète en le regardant avec attention. Le maître prononce une seconde fois *Calypso* et ajoute le mot *ne*. L'élève regarde, répète *Calypso ne* et montre du doigt chacun des mots en les prononçant. Il recommence, *Calypso ne* et ajoute *pouvait*. L'élève reproduit tous les mots *Calypso ne pouvait* en les montrant dans l'ordre qu'ils occupent. Il lui demande alors où est *ne*, où est *Calypso*, où est *pouvait*. Il doit répondre sans hésiter s'il a bien fait attention à la forme et à la place des mots. On reprend, *Calypso ne pouvait* et l'on ajoute *se*, et l'élève en indiquant chaque mot du doigt, prononce, *Calypso ne pouvait se*. On recommence de nouveau cette lecture et l'on ajoute *consoler*. L'élève répète, *Calypso ne pouvait se consoler*, et montre tel ou tel mot qu'on lui demande. On ajoute *du*, et l'élève lit, *Calypso ne pouvait se consoler du*. On lui demande *ne*, *du*, *pouvait*, etc., et il doit montrer ces mots de suite *sans hésiter*. On recommence encore en ajoutant *départ* et l'élève répète, *Calypso ne pouvait se consoler du départ*. On complète la phrase en disant *d'Ulysse*. Après que l'élève aura répété, *Calypso ne pouvait se consoler du départ d'Ulysse*, demandez-lui tous les

______

plusieurs manuscrits orientaux dont j'ignorais la langue, l'oraison dominicale écrite en *Wutch* et en *Sindh*.

mots de la phrase dans l'ordre qu'il vous plaira et ne terminez pas cette leçon sans vous être bien assuré qu'il les connaît tous, de manière à les reconnaître partout ailleurs au besoin.

Ne vous lassez point de cet exercice qui vous paraîtra peut-être puéril, mais songez-y bien, c'est de lui que dépend tout le succès. Ce n'est qu'en revenant sans cesse sur ce que l'on sait qu'on ne l'oublie jamais.

Maintenant que l'élève est entré dans la carrière, il recommencera *journellement* la répétition par le premier mot du livre, *Calypso*. S'il peut prendre la plume, il faut le faire écrire. En suivant cette marche, il apprendra plus tôt à lire, et s'exercera sur l'orthographe des mots qu'il sait par cœur. Mettez devant lui une exemple en fin où se trouvent les premières phrases du Télémaque ou de la prière. (Voyez l'exemple que nous avons jointe à cette instruction). Dites-lui d'imiter le premier mot, et faites-lui faire pour l'écriture ce qu'il a fait pour la lecture. De cette manière quand il écrira le dernier mot de la phrase, il aura écrit *Calypso* 8 fois, *ne* 7 fois, *pouvait* 6 fois, *se* 5 fois, *consoler* 4 fois, *du* 3 fois, *départ* 2 fois, et *d'Ulysse* 1 fois.

Vous pouvez encore faire faire sur le mot *Calypso* ce que je dis pour la phrase entière. Que l'élève écrive le *C* puis *Ca, Cal, Caly, Calyp, Calyps, Calypso*. Qu'il continue ainsi jusqu'à la fin de la phrase, c'est-à-dire en ajoutant à chaque fois une lettre à toutes celles qu'il a écrites en commençant toujours par le grand *C*. Du reste c'est au guide à employer le moyen le plus convenable pour arriver promptement au but qu'on se propose.

Gardez-vous bien de dire à votre élève qu'il doit tenir sa main, sa plume, son bras, son corps de telle ou telle manière, il saura bien plus tard prendre une posture convenable *pour lui*. Ne réglez pas surtout son papier, il faut qu'il s'accoutume de suite à se passer d'une longe, dont l'absence lui serait funeste plus tard. Voulez-vous faciliter ses recherches, si vous savez écrire placez-vous devant-lui, écrivez, et dites-lui de regarder avec attention ce que vous faites et la manière dont vous vous tenez. Il regardera et cherchera à vous imiter. Point d'explication surtout, il compterait sur votre aide, et ne regarderait plus.

N'allez pas trop vite en commençant. Rappelez-vous ces paroles de notre Maître : « On n'arrive vite qu'en avançant lentement ». Soyez donc inexorable pour que votre élève sache imperturbablement la première phrase et qu'il l'écrive lisiblement avant de le faire écrire la seconde.

Demandez-lui si le mot *Calypso* qu'il a écrit est semblable au modèle. En quoi il diffère ; en quoi il ressemble. Ne donnez-pas votre opinion, il faut qu'il se juge lui même, s'il ne voit pas bien aujourd'hui il verra mieux demain. Pourquoi dites-vous que cette lettre est mal faite? que celle-ci ne ressemble pas au modèle? que celle-là y ressemble? Faites-moi connaître tous ces détails, et justifiez tout ce que vous avancez. Tel est le genre de questions qu'on adresse *continuellement* à l'élève pour l'obliger à répondre d'après *ses propres observations.*

Revenons à la lecture. L'enfant sait par cœur la première phrase et il commence à l'écrire passablement. Avant de passer à la lecture de la seconde, questionnez-le sur les sons ou syllabes. Prononcez clairement d'une seule émission de voix et sans faire sentir à dessein la coupe des syllabes, le mot Calypso ; l'élève le répétera, et vous lui adresserez cette question.

D. Combien y a-t-il de sons dans *Calypso*?

R. (*) Trois, *Ca-lyp-so* Deux, *Cal-ypso*. Trois, *Cal-yp-so* ou *Cal-y-pso.*

(*) Ces diverses manières de partager les mots en sons ont été

D. Combien y en a-t-il dans *pouvait?*

R. Deux, *pou-vait, pouv-ait.*

D. Et dans le mot *consoler?*

R. Trois, *Con-so-ler, con-sol-er.*

D. Combien y en a-t-il dans les mots *ne, se, du?*

R. Il n'y en a qu'un seul dans chaque mot.

D. Dans *départ?*

R. Deux, *dé-part, dép-art.*

D. D'Ulysse?

R. Deux, *d'U-lysse, d'Ul-ysse.* Trois, *d'U-lys-se.*

Quand toute la phrase est ainsi partagée en sons, il faut comparer entre eux ceux qui ont des points de ressemblance. Prenez le premier mot et dites à l'élève.

D. Avez-vous entendu le son *Ca* du mot *Calypso* dans les autres mots de la phrase lorsque vous les avez lus et partagés en sons?

R. Non.

D. Et le son *lyp?*

R. Non.

D. Et le son *so?*

R. Oui.

D. Dans quel mot?

R. Dans *consoler*, au milieu du mot.

D. Regardez bien les deux mots et dites-moi s'il y a dans chacun d'eux quelque chose de semblable?

---

données par plusieurs élèves, nous croyons devoir les reproduire ici, pour faire voir que les enfans envisagent les objets sous des points de vue différens. Plus tard, lorsque l'élève vérifiera la grammaire, il apprendra comment on partage les mots en syllabes.

L'élève qui regarde avec attention voit *deux lettres* qui représentent le son *so* , il connaît donc *Ca-lyp-con-ler*, restes de chacun des deux mots, et *so* qui est dans les deux.

Remarquez que je dis *l'élève qui regarde avec attention*, car il ne faut pas croire qu'un enfant, par exemple, trouve de suite le point de ressemblance qui existe entre plusieurs mots. Il faut que ses yeux s'accoutument à voir ces caractères si différens les uns des autres, et il est rare qu'il réponde juste à la première question.

Dites-lui de vous montrer, par exemple, les lettres qui forment la syllabe *so*.

D. Laquelle est *o*?

R. La dernière, c'est la fin du son.

D. Voyez-vous cette lettre dans quelque mot de la phrase?

R. Oui, elle est dans *pouvait*, et deux fois dans *con-soler*.

D. Cette lettre *o* a-t-elle le même son dans tous ces mots?

R. Non, car dans *pouvait* et *con* de *consoler* je ne reconnais pas le son *o*.

D. La première lettre *s*, est-elle dans les autres mots?

R. Oui, je la vois dans *se*, et deux fois dans *Ulysse*,

Faites comparer *ne* et *se*, et l'élève déduira de cette comparaison la valeur vocale du *n* et du *s*, qu'il prononcera *ne* et *se*. Continuez à demander si les lettres nouvelles font partie des mots de la phrase : il faut que l'enfant les montre partout où elles se trouvent dans ce qu'il sait. Comparez *du* et *départ*, Calypso et Ulysse, *pouvait* et *départ*, et vous déduirez la valeur de *d*, de *y* et de *p*.

Toutes les réponses de ce petit dialogue ne sont pas précisément celles que l'élève doit faire. Il a toute liberté à cet égard ; mais il faut toujours exiger qu'il justifie ce qu'il avance.

Vous voyez que par ce moyen, par cette étude de rapprochement, l'élève aura le précieux avantage de connaître la véritable valeur des caractères. Quand vous lui ferez rapprocher, *accompagné, accompagnait, campagne*, il verra que le son *gne* est représenté par deux caractères *gn* ; *rochers, chercher* lui feront voir le son chuinchant dur *ch* représenté par deux lettres, qui prises séparément n'ont aucun rapport avec leur valeur collective, etc, etc.

Continuez toujours l'écriture et faites sur chacun des mots les même questions qu'à la précédente leçon. Redemandez sans cesse la même chose, afin d'habituer votre élève à regarder avec attention ce qu'il veut imiter.

Poursuivons. La première phrase ainsi analysée, passez à la seconde, mais n'oubliez pas de revenir toujours au point de départ, et de *renouveler vos questions* à toutes les leçons. Vous dites : *Dans* en montrant le mot à l'élève et vous répétez de nouveau la première phrase en ajoutant le mot *Dans*, il dit : *Calypso ne pouvait se consoler du départ d'Ulysse. Dans.* Ajoutez *sa*, reprenez à partir de *Calypso*, et que votre élève vous imite. Enfin continuez de la sorte sans vous lasser jusqu'à la fin du paragraphe. Par ce moyen il saura par cœur ce qu'il aura lu, et s'épargnera une grande peine lorsqu'il commencera l'étude de la langue. La phrase étant sue comme la première et décomposée par syllabes, faites faire des comparaisons.

D. Connaissez-vous quelques lettres du mot *Dans?*

R. Oui, *a* est dans le son *ca* et dans le son *part*. Le *s* est dans *so, se, lysse*. Le *n* dans *ne* et *con*.

D. Et la première, D?

R. Je ne la connais pas.

D. Comment sonne-t-elle dans ce mot *Dans?*

R. Elle sonne *De.*

D. Vous rappelez-vous ce son?

R. Oui, il est dans *dé*, *du*, mais les figures *d* et *D* ne se ressemblent pas.

Ne vous découragez pas si votre élève, homme ou enfant, ne répond pas comme nous le faisons ici. Il faut revenir plusieurs fois sur la même question avant d'obtenir une réponse satisfaisante. Ce qu'il ne voit pas un jour, il le voit un autre jour.

Le mot *sa* sera comparé avec *so*, *se*, et même avec *Ca* et l'on obtiendra ainsi la valeur du *c* devant un *a*, laquelle est celle du *k* ou du *q*. Cette syllabe *ca* comparée à *con* fera connaître, la valeur du *c* devant *on* et la valeur de ce son nasal. Les mots *pouvait* et *douleur* comparés donneront *pou* et *dou*, *ou* se trouve dans les deux syllabes, reste donc les lettres *d* et *p* et les sons *leur* et *vait*. Dans les mots *pouvait* et *trouvait*, il y a *ouvait*, de semblable, *ou* est connu, il reste *vait*, *p* et *tr*; *p* est connu, on aura la valeur de *tr* en comparant, *trou* avec *être*. Le mot *elle* est dans *immortelle*, etc.

On continue ainsi jusqu'à la fin du paragraphe, ayant soin, après la décomposition de chaque phrase ou membre de phrase, de faire réciter à partir de Calypso et de vérifier par des questions si l'élève connaît *bien* se's mots. Ou est *souvent*, *éternelle*, *malheureuse*, *grotte*. etc.

On demande *Ca*, *lyp*, *so*, *Cal*, *yps*, *o*, *pso*, *ul*, *lyps*, — *pou*, *vait*, *ouv*, *ou*, *ait*, *vai*, *ai*, etc. Cette décomposition est précieuse pour la lecture des mots qu'il n'a point encore vus. Mais nous croyons en avoir dit assez pour que celui qui se chargera de guider un élève, conçoive facilement ce mécanisme si simple et si fécond en heureux résultats. Qu'il ne craigne point de le diriger mal, en supposant qu'il emploie un autre chemin que celui que nous venons de lui indiquer, pourvu qu'il se con-

tente de lui dire : Où avez-vous vu cette lettre, ce mot ?
Où avez-vous entendu ce son ? Prouvez ce que vous avancez. Que pensez-vous de cela ? Comparez entre eux les
mots qui ont les mêmes sons, etc., etc. Ce n'est point à
lui à indiquer les ressemblances dont nous avons parlé,
c'est à l'élève à les trouver. Il ne doit que le guider dans sa
route, et lui répéter sans cesse, *regardez, réfléchissez,
comparez.*

Quand l'élève qui apprend à lire par la prière, en
connaît bien tous les mots et qu'il les a décomposés par
la comparaison avec d'autres mots, il passe à une autre
prière, ou à quelque chose qu'il sait par cœur, et on
lui fait comparer les mots nouveaux avec ceux qu'il connaît déjà.

Deux heures de travail par jour partagées en quatre ou
six leçons suffisent pour savoir lire au bout de six se-
maines, en travaillant *tous les jours.*

Lorsque celui qui apprend le Télémaque, est arrivé à
Calypso étonnée et attendrie, qu'il est en état de répéter *imperturbablement* ce qu'il sait, et qu'il a *décomposé*
toutes les syllabes, il ne s'occupe plus de la lecture,
mais il doit lire tous les jours pour se perfectionner. Il
faut l'habituer à lire vite au signal convenu, à lire dou-
cement, à s'arrêter, à reprendre le premier mouvement.
Par ce moyen vous fixerez son attention

Il est sans doute inutile de dire qu'il faudra apprendre
à l'élève le *nom* des accens, et celui des lettres, ce que
c'est qu'une virgule, un point, un trait-d'union, une
apostrophe, enfin tout ce qui est conventionnel. Remarquez bien que pour les lettres je n'entends point *leur valeur vocale*, laquelle *se déduit* naturellement *par la comparaison* des mots entre eux, mais bien le *nom* qu'on est
convenu de leur donner. Encore, d'après la nouvelle
épellation ont-elles presque toutes pour nom, le son
qui leur est propre. Mais ce qui est du ressort des yeux
et de l'oreille doit être abandonné à l'intelligence,

On continue l'écriture en obligeant toujours l'élève à rendre compte des ressemblances et des différences qu'il y a entre sa copie et son exemple. Cette lettre est-elle aussi grande, aussi grosse, aussi penchée que celle-ci ? votre ligne est-elle aussi droite que celle du modèle ? Pourquoi n'imitez-vous pas l'exemple ? Pensez-vous que votre position soit convenable ? Essayez de toutes les façons jusqu'à ce que vous imitiez parfaitement ; et mille autres questions semblables.

Chemin faisant, l'élève apprend l'orthographe des mots. On lui demande au hasard tel mot, et il doit dire toutes les lettres qui le composent, ou l'écrire, de manière à prouver qu'il le connaît dans tous ses détails.

D. Comment écrit-on *Calypso ?*

R. *C, a, l, y, p, s, o,*

D. Avez-vous bien répondu ?

R. Non, j'ai oublié de dire que le *C* est grand,

D. Quelles sont les lettres du mot *douleur ?*

R. *D, o, u, l, e, u, r.*

D. Et celles de *promenait.*

R. *P, r, o, m, e, n, a, i, t.*

D. Passez ainsi tous les mots en revue, et obligez l'élève à répéter la phrase ou le membre de phrase dans lequel se trouve le mot que vous lui demandez.

Revenez sans cesse sur les mêmes questions, tant pour la lecture, l'écriture que pour l'orthographe. Pour cette dernière, exigez de l'élève qu'il n'oublie pas dans ses réponses les grandes lettres, les accens, les apostrophes, les points, les virgules, etc. Il doit dire enfin tout ce qu'il y a ; car il faudra qu'il rende compte de *tous* les mots de son manuel. Par ce moyen il apprendra l'orthographe absolue, et lorsqu'il étudiera sa langue, ce qui doit se faire aussitôt qu'il sait lire, il apprendra l'orthographe relative.

Quand votre élève commencera à imiter passablement le modèle que nous donnons, si vous ne voulez pas en faire un parfait écrivain, donnez-lui une exemple d'une belle écriture en demi-gros , puis après qu'il se sera exercé sur cette nouvelle exemple ; donnez-lui en une d'écriture en gros. Remarquez qu'il devra tous les jours écrire en fin indépendamment du moyen et du gros, car c'est là l'écriture qu'il emploiera toute sa vie. Si votre intention est d'en faire un écrivain parfait, donnez-lui à imiter de suite les plus beaux modèles.

La marche que nous venons d'indiquer, est la même pour diriger plusieurs élèves. Quand le premier ne répond pas bien au signal convenu, on passe au second, puis au troisième, etc. Lorsque l'un d'eux a répondu convenablement, on revient aux premiers et on leur demande leur avis sur ce qui a été dit. Remarquez qu'il est bien différent de recevoir une explication de la part d'un élève, ou de la recevoir du maître ; dont la parole est une autorité aux yeux des disciples, même quand il se trompe. Il y a un grand avantage à réunir plusieurs enfans, ils travaillent avec plus de courage, s'excitent réciproquement, et l'on sait que l'émulation *bien dirigée* est précieuse pour hâter les progrès dans l'étude.

Plusieurs personnes, lorsque l'élève sait les deux ou trois premières phrases, nomment les lettres, et lui demandent s'il les a vues dans ce qu'il sait. Si sa réponse n'est pas satisfaisante, elles lui montrent les lettres cherchées, et plus tard reviennent sur cette question, pour voir s'il n'a pas oublié ce qu'on vient de lui dire, et s'il les reconnaît lui-même. En employant ce moyen dès le début, il est bon cependant de ne pas habituer l'élève à compter sur l'aide du maître, et comme par la comparaison des mots qui ont des points de ressemblance, on arrive à la connaissance de la valeur vocale des lettres, laquelle est le nom qu'on leur donne actuellement, nous préférons ce dernier moyen en ce qu'il a l'immense avantage d'*émanciper* plus promptement l'élève, c'est à dire de le convaincre par des preuves irrécusables, qu'il peut parvenir par le travail à apprendre seul ce qu'il veut connaître et ainsi à se passer de maître *explicateur* : je ne dis pas d'un *guide*, qui pour l'enfance est indispensable.

LES AVENTURES

DE

TÉLÉMAQUE.

LIVRE PREMIER.

1. Calypso ne pouvait se consoler du départ d'U-
lysse. Dans sa douleur elle se trouvait malheureuse
d'être immortelle. Sa grotte ne résonnait plus de
son chant : les nymphes qui la servaient n'osaient
lui parler. Elle se promenait souvent seule sur les
gazons fleuris, dont un printemps éternel bordait
son île ; mais ces beaux lieux, loin de modérer sa
douleur, ne faisaient que lui rappeler le triste souvenir d'Ulysse, qu'elle y avait vu tant de fois auprès d'elle. Souvent elle demeurait immobile sur le
rivage de la mer, qu'elle arrosait de ses larmes ; et
elle était sans cesse tournée vers le côté où le vaisseau d'Ulysse, fendant les ondes, avait disparu à
ses yeux.

2. Tout-à-coup elle aperçut les débris d'un navire
qui venait de faire naufrage, des bancs de rameurs
mis en pièces, des rames écartées çà et là sur le sa-
ble, un gouvernail, un mât, des cordages flottans
sur la côte : puis elle découvrit de loin deux

hommes, dont l'un paraissait âgé, l'autre, quoique jeune, ressemblait à Ulysse : il avait sa douceur et sa fierté, avec sa taille et sa démarche majestueuse. La déesse comprit que c'était Télémaque, fils de ce héros ; mais, quoique les dieux surpassent de loin en connaissance tous les hommes, elle ne put découvrir quel était cet homme vénérable dont Télémaque était accompagné. C'est que les dieux supérieurs cachent aux inférieurs tout ce qu'il leur plait ; et Minerve, qui accompagnait Télémaque sous la figure de Mentor, ne voulait pas être connue de Calypso.

3. Cependant Calypso se réjouissait d'un naufrage qui mettait dans son île le fils d'Ulysse, si semblable à son père. Elle s'avance vers lui ; et sans faire semblant de savoir qui il est : D'où vous vient, lui dit-elle, cette témérité d'aborder dans mon île ? Sachez, jeune étranger, qu'on ne vient point impunément dans mon empire. Elle tâchait de couvrir sous ces paroles menaçantes la joie de son cœur, qui éclatait malgré elle sur son visage.

4. Télémaque lui répondit : O vous, qui que vous soyez, mortelle ou déesse, quoiqu'à vous voir on ne puisse vous prendre que pour une divinité, seriez-vous insensible au malheur d'un fils qui, cherchant son père à la merci des vents et des flots, a vu briser son navire contre vos rochers ? Quel est donc votre père que vous cherchez ? reprit la déesse. Il se nomme Ulysse, dit Télémaque : c'est un des rois qui, après un siége de dix ans, ont renversé la fameuse Troie. Son nom fut célèbre dans toute la Grèce et dans toute l'Asie, par sa valeur dans les combats, et plus encore par sa sagesse

dans les conseils. Maintenant, errant dans toute l'étendue des mers, il parcourt tous les écueils les plus terribles : sa patrie semble fuir devant lui. Pénélope sa femme, et moi qui suis son fils, nous avons perdu l'espérance de le revoir. Je cours avec les mêmes dangers que lui, pour apprendre où il est. Mais que dis-je ? peut-être qu'il est maintenant enseveli dans les profonds abîmes de la mer. Ayez pitié de nos malheurs ; et si vous savez, ô déesse, ce que les destinées ont fait pour sauver ou pour perdre Ulysse, daignez en instruire son fils Télémaque.

5. Calypso, étonnée et attendrie de voir dans une si vive jeunesse tant de sagesse et d'éloquence, ne pouvait rassasier ses yeux en le regardant ; et elle demeurait en silence. Enfin elle lui dit : Télémaque, nous vous apprendrons ce qui est arrivé à votre père. Mais l'histoire en est longue ; il est temps de vous délasser de tous vos travaux : venez dans ma demeure, où je vous recevrai comme mon fils ; venez, vous serez ma consolation dans cette solitude, et je ferai votre bonheur, pourvu que vous sachiez en jouir.

6. Télémaque suivait la déesse environnée d'une foule de jeunes nymphes, au-dessus desquelles elle s'élevait de toute la tête, comme un grand chêne dans une forêt élève ses branches épaisses au-dessus de tous les arbres qui l'environnent. Il admirait l'éclat de sa beauté, la riche pourpre de sa robe longue et flottante, ses cheveux noués par derrière négligemment, mais avec grâce, le feu qui sortait de ses yeux, et la douceur qui tempérait cette vivacité. Mentor, les yeux baissés, gardant un silence modeste, suivait Télémaque.

7. On arriva à la porte de la grotte de Calypso, où Télémaque fut surpris de voir, avec une apparence de simplicité rustique, tout ce qui peut charmer les yeux. Il est vrai qu'on n'y voyait ni or, ni argent, ni marbre, ni colonnes, ni tableaux, ni statues ; mais cette grotte était taillée dans le roc, en voûtes pleines de rocailles et de coquilles ; elle était tapissée d'une jeune vigne, qui étendait ses branches souples également de tous côtés. Les doux zéphyrs conservaient en ce lieu, malgré les ardeurs du soleil, une délicieuse fraîcheur : des fontaines, coulant avec un doux murmure sur des prés semés d'amarantes et de violettes, formaient en divers lieux des bains aussi purs et aussi clairs que le cristal : mille fleurs naissantes émaillaient les tapis verts dont la grotte était environnée. Là, on trouvait un bois de ces arbres touffus qui portent des pommes d'or, et dont la fleur, qui se renouvelle dans toutes les saisons, répand le plus doux de tous les parfums ; ce bois semblait couronner ces belles prairies, et formait une nuit que les rayons du soleil ne pouvaient percer : là, on n'entendait jamais que le chant des oiseaux, ou le bruit d'un ruisseau qui, se précipitant du haut d'un rocher, tombait à gros bouillons pleins d'écume, et s'enfuyait au travers de la prairie.

8. La grotte de la déesse était sur le penchant d'une colline : de là on découvrait la mer, quelquefois claire et unie comme une glace, quelquefois follement irritée contre les rochers, où elle se brisait en gémissant et élevant ses vagues comme des montagnes : d'un autre côté on voyait une rivière où se formaient des îles bordées de tilleuls fleuris et de hauts peupliers qui portaient leurs têtes superbes jusque

dans les nues. Les divers canaux qui formaient ces îles semblaient se jouer dans la campagne : les uns roulaient leurs eaux claires avec rapidité ; d'autres avaient une eau paisible et dormante ; d'autres, par de longs détours, revenaient sur leurs pas, comme pour remonter vers leur source, et semblaient ne pouvoir quitter ces bords enchantés. On apercevait de loin des collines et des montagnes qui se perdaient dans les nues, et dont la figure bizarre formait un horizon à souhait pour le plaisir des yeux. Les montagnes voisines étaient couvertes de pampre vert qui pendait en festons : le raisin, plus éclatant que la pourpre, ne pouvait se cacher sous les feuilles, et la vigne était accablée sous son fruit. Le figuier, l'olivier, le grenadier, et tous les autres arbres, couvraient la campagne, et en faisaient un grand jardin.

9. Calypso, ayant montré à Télémaque toutes ces beautés naturelles, lui dit : Reposez-vous ; vos habits sont mouillés, il est temps que vous en changiez : ensuite nous nous reverrons, et je vous raconterai des histoires dont votre cœur sera touché. En même temps elle le fit entrer avec Mentor dans le lieu le plus secret et le plus reculé d'une grotte voisine de celle où la déesse demeurait. Les nymphes avaient eu soin d'allumer en ce lieu un grand feu de bois de cèdre, dont la bonne odeur se répandait de tous côtés ; et elles y avaient laissé des habits pour les nouveaux hôtes.

10. Télémaque, voyant qu'on lui avait destiné une tunique d'une laine fine dont la blancheur effaçait celle de la neige, et une robe de pourpre avec une broderie d'or, prit le plaisir qui est naturel

à un jeune homme, en considérant cette magnificence.

11. Mentor lui dit d'un ton grave : Sont-ce donc là, ô Télémaque, les pensées qui doivent occuper le cœur du fils d'Ulysse ? Songez plutôt à soutenir la réputation de votre père, et à vaincre la fortune qui vous persécute. Un jeune homme qui aime à se parer vainement comme une femme, est indigne de la sagesse et de la gloire. La gloire n'est due qu'à un cœur qui sait souffrir la peine et fouler aux pieds les plaisirs.

12. Télémaque répondit en soupirant : Que les dieux me fassent périr plutôt que de souffrir que la mollesse et la volupté s'emparent de mon cœur ! Non, non, le fils d'Ulysse ne sera jamais vaincu par les charmes d'une vie lâche et efféminée. Mais quelle faveur du ciel nous a fait trouver, après notre naufrage, cette déesse ou cette mortelle qui nous comble de biens ?

13. Craignez, repartit Mentor, qu'elle ne vous accable de maux ; craignez ses trompeuses douceurs plus que les écueils qui ont brisé votre navire : le naufrage et la mort sont moins funestes que les plaisirs qui attaquent la vertu. Gardez-vous bien de croire ce qu'elle vous racontera. La jeunesse est présomptueuse, elle se promet tout d'elle-même : quoique fragile, elle croit pouvoir tout, et n'avoir jamais rien à craindre ; elle se confie légèrement et sans précaution. Gardez-vous d'écouter les paroles douces et flatteuses de Calypso, qui se glisseront comme un serpent sous les fleurs ; craignez ce poison caché : défiez-vous de vous-même, et attendez toujours mes conseils.

14. Ensuite ils retournèrent auprès de Calypso, qui les attendait. Les nymphes, avec leurs cheveux tressés et des habits blancs, servirent d'abord un repas simple, mais exquis pour le goût et pour la propreté. On n'y voyait aucune autre viande que celle des oiseaux qu'elles avaient pris dans des filets, ou des bêtes qu'elles avaient percées de leurs flèches à la chasse : un vin plus doux que le nectar coulait des grands vases d'argent dans des tasses d'or couronnées de fleurs. On apporta dans des corbeilles tous les fruits que le printemps promet, et que l'automne répand sur la terre. En même temps quatre jeunes nymphes se mirent à chanter. D'abord elles chantèrent le combat des dieux contre les géants, puis les amours de Jupiter et de Sémélé, la naissance de Bacchus et son éducation conduite par le vieux Silène ; la course d'Atalante et d'Hippomène qui fut vainqueur par le moyen des pommes d'or cueillies au jardin des Hespérides : enfin la guerre de Troie fut aussi chantée ; les combats d'Ulysse et sa sagesse furent élevés jusqu'aux cieux. La première des nymphes, qui s'appelait Leucothoé, joignit les accords de sa lyre aux douces voix de toutes les autres.

15. Quand Télémaque entendit le nom de son père, les larmes qui coulèrent le long de ses joues donnèrent un nouveau lustre à sa beauté. Mais comme Calypso aperçut qu'il ne pouvait manger, et qu'il était saisi de douleur, elle fit signe aux nymphes. A l'instant on chanta le combat des Centaures avec les Lapithes, et la descente d'Orphée aux enfers pour en retirer sa chère Eurydice.

16. Quand le repas fut fini, la déesse prit Télémaque,

et lui parla ainsi : Vous voyez, fils du grand Ulysse, avec quelle faveur je vous reçois. Je suis immortelle : nul mortel ne peut entrer dans cette île sans être puni de sa témérité; et votre naufrage même ne vous garantirait pas de mon indignation, si d'ailleurs je ne vous aimais. Votre père a eu le même bonheur que vous; mais, hélas! il n'a pas su en profiter. Je l'ai gardé long-temps dans cette île : il n'a tenu qu'à lui d'y vivre avec moi dans un état immortel; mais l'aveugle passion de retourner dans sa misérable patrie lui fit rejeter tous ces avantages. Vous voyez tout ce qu'il a perdu pour Ithaque qu'il n'a pu revoir. Il voulut me quitter, il partit; et je fus vengée par la tempête : son vaisseau, après avoir été long-temps le jouet des vents, fut enseveli dans les ondes. Profitez d'un si triste exemple. Après son naufrage, vous n'avez plus rien à espérer, ni pour le revoir, ni pour régner jamais dans l'île d'Ithaque après lui : consolez-vous de l'avoir perdu, puisque vous trouvez ici une divinité prête à vous rendre heureux, et un royaume qu'elle vous offre.

17. La déesse ajouta à ces paroles de longs discours, pour montrer combien Ulysse avait été heureux auprès d'elle : elle raconta ses aventures dans la caverne du Cyclope Polyphème, et chez Antiphates, roi des Lestrigons : elle n'oublia pas ce qui lui était arrivé dans l'île de Circé, fille du Soleil, et les dangers qu'il avait courus entre Scylla et Charybde. Elle représenta la dernière tempête que Neptune avait excitée contre lui quand il partit auprès d'elle. Elle voulut faire entendre qu'il était péri dans ce naufrage, et elle supprima son arrivée dans l'île des Phéaciens.

18. Télémaque, qui s'était d'abord abandonné trop promptement à la joie d'être si bien traité de Calypso, reconnut enfin son artifice et la sagesse des conseils que Mentor venait de lui donner. Il répondit en peu de mots : O déesse ! pardonnez à ma douleur : maintenant je ne puis que m'affliger ; peut-être que dans la suite j'aurai plus de force pour goûter la fortune que vous m'offrez : laissez-moi en ce moment pleurer mon père ; vous savez mieux que moi combien il mérite d'être pleuré.

19. Calypso n'osa d'abord le presser davantage : elle feignit même d'entrer dans sa douleur, et de s'attendrir pour Ulysse. Mais pour mieux connaître les moyens de toucher le cœur du jeune homme, elle lui demanda comment il avait fait naufrage, et par quelles aventures il était sur ses côtes. Le récit de mes malheurs, dit-il, serait trop long. Non, non, répondit-elle ; il me tarde de les savoir, hâtez-vous de me les raconter. Elle le pressa long-temps. Enfin il ne put lui résister, et il parla ainsi :

20. J'étais parti d'Ithaque pour aller demander aux autres rois revenus du siége de Troie des nouvelles de mon père. Les amans de ma mère Pénélope furent surpris de mon départ : j'avais pris soin de le leur cacher, connaissant leur perfidie. Ni Nestor, que je vis à Pylos, ni Ménélas, qui me reçut avec amitié dans Lacédémone, ne purent m'apprendre si mon père était encore en vie. Lassé de vivre toujours en suspens et dans l'incertitude, je me résolus d'aller dans la Sicile, où j'avais ouï dire que mon père avait été jeté par les vents. Mais le sage Mentor, que vous voyez ici présent, s'opposait à ce téméraire dessein : il me représentait d'un côté

les Cyclopes, géants monstrueux, qui dévorent les hommes ; de l'autre la flotte d'Énée et des Troyens, qui étaient sur ces côtes. Ces Troyens, disait-il, sont animés contre tous les Grecs ; mais surtout ils ré-pandraient avec plaisir le sang du fils d'Ulysse. Re-tournez, continuait-il, en Ithaque : peut-être que votre père, aimé des dieux, y sera aussitôt que vous. Mais si les dieux ont résolu sa perte, s'il ne doit jamais revoir sa patrie, du moins il faut que vous alliez le venger, délivrer votre mère, montrer votre sagesse à tous les peuples, et faire voir en vous à toute la Grèce un roi aussi digne de régner que le fut jamais Ulysse lui-même.

21. Ces paroles étaient salutaires : mais je n'étais pas assez prudent pour les écouter ; je n'écoutai que ma passion. Le sage Mentor m'aima jusqu'à me suivre dans un voyage téméraire que j'entreprenais contre ses conseils ; et les dieux permirent que je fisse une faute qui devait servir à me corriger de ma pré-somption.

22. Pendant que Télémaque parlait, Calypso re-gardait Mentor. Elle était étonnée : elle croyait sentir en lui quelque chose de divin ; mais elle ne pouvait démêler ses pensées confuses : ainsi elle demeurait pleine de crainte et de défiance à la vue de cet in-connu. Alors elle appréhenda de laisser voir son trouble. Continuez, dit-elle à Télémaque, et satis-faites ma curiosité. Télémaque reprit ainsi :

23. Nous eûmes assez long-temps un vent favorable pour aller en Sicile ; mais ensuite une noire tempête déroba le ciel à nos yeux, et nous fûmes enveloppés dans une profonde nuit. A la lueur des éclairs, nous

aperçûmes d'autres vaisseaux exposés au même péril; et nous reconnûmes bientôt que c'étaient les vaisseaux d'Énée : ils n'étaient pas moins à craindre pour nous que les rochers. Je compris alors, mais trop tard, ce que l'ardeur d'une jeunesse imprudente m'avait empêché de considérer attentivement. Mentor parut dans ce danger, non-seulement ferme et intrépide, mais plus gai qu'à l'ordinaire : c'était lui qui m'encourageait; je sentais qu'il m'inspirait une force invincible. Il donnait tranquillement tous les ordres, pendant que le pilote était troublé. Je lui disais : Mon cher Mentor, pourquoi ai-je refusé de suivre vos conseils! ne suis-je pas malheureux d'avoir voulu me croire moi-même, dans un âge où l'on n'a ni prévoyance de l'avenir, ni expérience du passé, ni modération pour ménager le présent! Oh! si jamais nous échappons de cette tempête, je me défierai de moi-même comme de mon plus dangereux ennemi : c'est vous, Mentor, que je croirai toujours.

24. Mentor, en souriant, me répondit: Je n'ai garde de vous reprocher la faute que vous avez faite; il suffit que vous la sentiez, et qu'elle vous serve à être une autre fois plus modéré dans vos désirs. Mais quand le péril sera passé, la présomption reviendra peut-être. Maintenant il faut se soutenir par le courage. Avant que de se jeter dans le péril, il faut le prévoir et le craindre; mais quand on y est, il ne reste plus qu'à le mépriser. Soyez donc le digne fils d'Ulysse; montrez un cœur plus grand que tous les maux qui vous menacent.

25. La douceur et le courage du sage Mentor me charmèrent : mais je fus encore bien plus surpris,

quand je vis avec quelle adresse il nous délivra des Troyens. Dans le moment où le ciel commençait à s'éclaircir, et où les Troyens, nous voyant de près, n'auraient pas manqué de nous reconnaître, il remarqua un de leurs vaisseaux qui était presque semblable au nôtre, et que la tempête avait écarté. La poupe en était couronnée de certaines fleurs : il se hâta de mettre sur notre poupe des couronnes de fleurs semblables ; il les attacha lui-même avec des bandelettes de la même couleur que celles des Troyens. Il ordonna à tous nos rameurs de se baisser le plus qu'ils pourraient le long de leurs bancs, pour n'être point reconnus des ennemis. En cet état, nous passâmes au milieu de leur flotte : ils poussèrent des cris de joie en nous voyant, comme en revoyant les compagnons qu'ils avaient crus perdus. Nous fûmes même contraints par la violence de la mer d'aller assez long-temps avec eux : enfin nous demeurâmes un peu derrière ; et, pendant que les vents impétueux les poussaient vers l'Afrique, nous fîmes les derniers efforts pour aborder à force de rames sur la côte voisine de Sicile.

26. Nous y arrivâmes en effet. Mais ce que nous cherchions, n'était guère moins funeste que la flotte qui nous faisait fuir : nous trouvâmes sur cette côte de Sicile d'autres Troyens ennemis des Grecs. C'était là que régnait le vieux Aceste sorti de Troie. A peine fûmes-nous arrivés sur ce rivage, que les habitants crurent que nous étions, ou d'autres peuples de l'île armés pour les surprendre, ou des étrangers qui venaient s'emparer de leurs terres. Ils brûlent notre vaisseau, dans le premier emportement ; ils égorgent tous nos compagnons ; ils ne réservent que Mentor et moi pour nous présenter à Acestes,

afin qu'il pût savoir de nous quels étaient nos desseins, et d'où nous venions. Nous entrons dans la ville les mains liées derrière le dos; et notre mort n'était retardée que pour nous faire servir de spectacle à un peuple cruel, quand on saurait que nous étions Grecs.

27. On nous présenta d'abord à Aceste, qui, tenant son sceptre d'or en main, jugeait les peuples, et se préparait à un grand sacrifice. Il nous demanda, d'un ton sévère, quel était notre pays et le sujet de notre voyage. Mentor se hâta de répondre, et lui dit : Nous venons des côtes de la grande Hespérie, et notre patrie n'est pas loin de là. Ainsi il évita de dire que nous étions Grecs. Mais Aceste, sans l'écouter davantage, et nous prenant pour des étrangers qui cachaient leur dessein, ordonna qu'on nous envoyât dans une forêt voisine, où nous servirions en esclaves sous ceux qui gouvernaient ses troupeaux.

28. Cette condition me parut plus dure que la mort. Je m'écriai : O roi ! faites-nous mourir plutôt que de nous traiter si indignement; sachez que je suis Télémaque, fils du sage Ulysse, roi des Ithaciens; je cherche mon père dans toutes les mers : si je ne puis le trouver, ni retourner dans ma patrie, ni éviter la servitude, ôtez-moi la vie que je ne saurais supporter.

29. A peine eus-je prononcé ces mots, que tout le peuple ému s'écria qu'il fallait faire périr le fils de ce cruel Ulysse dont les artifices avaient renversé la ville de Troie. O fils d'Ulysse ! me dit Aceste, je ne puis refuser votre sang aux mânes de tant de Troyens

que votre père a précipités sur les rivages du noir Cocyte : vous, et celui qui vous mène, vous périrez.

3o. En même temps un vieillard de la troupe proposa au roi de nous immoler sur le tombeau d'Anchise : Leur sang, disait-il, sera agréable à l'ombre de ce héros ; Énée même, quand il saura un tel sacrifice, sera touché de voir combien vous aimez ce qu'il avait de plus cher au monde.

31. Tout le peuple applaudit à cette proposition; et on ne songea plus qu'à nous immoler. Déjà on nous menait sur le tombeau d'Anchise. On y avait dressé deux autels, où le feu sacré était allumé; le glaive qui devait nous percer était devant nos yeux; on nous avait couronnés de fleurs, et nulle compassion ne pouvait garantir notre vie ; c'était fait de nous, quand Mentor demanda tranquillement à parler au roi. Il lui dit :

32. O Aceste! si le malheur du jeune Télémaque, qui n'a jamais porté les armes contre les Troyens, ne peut vous toucher, du moins que votre propre intérêt vous touche. La science que j'ai acquise des présages et de la volonté des dieux me fait connaître qu'avant que trois jours soient écoulés vous serez attaqués par des peuples barbares, qui viennent comme un torrent du haut des montagnes pour inonder votre ville et pour ravager tout votre pays. Hâtez-vous de les prévenir ; mettez vos peuples sous les armes, et ne perdez pas un moment pour retirer au dedans de vos murailles les riches troupeaux que vous avez dans la campagne. Si ma prédiction est fausse, vous serez libre de nous immoler dans trois jours : si au

contraire elle est véritable, souvenez-vous qu'on ne doit pas ôter la vie à ceux de qui on la tient.

33. Aceste fut étonné de ces paroles, que Mentor lui disait avec une assurance qu'il n'avait jamais trouvée en aucun homme. Je vois bien, répondit-il, ô étranger, que les dieux, qui vous ont si mal partagé pour tous les dons de la fortune, vous ont accordé une sagesse qui est plus estimable que toutes les prospérités. En même temps il retarda le sacrifice, et donna avec diligence les ordres nécessaires pour prévenir l'attaque dont Mentor l'avait menacé. On ne voyait de tous côtés que des femmes tremblantes, des vieillards courbés, de petits enfans les larmes aux yeux, qui se retiraient dans la ville. Les bœufs mugissans et les brebis bêlantes venaient en foule, quittant les gras pâturages, et ne pouvant trouver assez d'étables pour être mis à couvert. C'étaient de toutes parts des bruits confus de gens qui se poussaient les uns les autres, qui ne pouvaient s'entendre, qui prenaient dans ce trouble un inconnu pour leur ami, et qui couraient, sans savoir où tendaient leurs pas. Mais les principaux de la ville, se croyant plus sages que les autres, s'imaginaient que Mentor était un imposteur qui avait fait une fausse prédiction pour sauver sa vie.

34. Avant la fin du troisième jour, pendant qu'ils étaient pleins de ces pensées, on vit sur le penchant des montagnes voisines un tourbillon de poussière; puis on aperçut une troupe innombrable de barbares armés : c'étaient les Himériens, peuples féroces, avec les nations qui habitent sur les monts Nébrodes, et sur le sommet d'Acragas, où règne un hiver que les zéphyrs n'ont jamais adouci. Ceux qui

avaient méprisé la prédiction de Mentor, perdirent leurs esclaves et leurs troupeaux. Le roi dit à Mentor : J'oublie que vous êtes des Grecs ; nos ennemis deviennent nos amis fidèles. Les dieux vous on envoyés pour nous sauver : je n'attends pas moin de votre valeur que de la sagesse de vos conseils hâtez-vous de nous secourir.

35. Mentor montre dans ses yeux une audace qu' étonne les plus fiers combattans. Il prend un bouclier, un casque, une épée, une lance; il range les soldats d'Aceste ; il marche à leur tête, et s'avance en bon ordre vers les ennemis. Aceste, quoique plein de courage, ne peut dans sa vieillesse le suivre que de loin. Je le suis de plus près, mais je ne puis égaler sa valeur. Sa cuirasse ressemblait, dans le combat, à l'immortelle égide. La mort courait de rang en rang partout sous ses coups. Semblable à un lion de Numidie que la cruelle faim dévore, et qui entre dans un troupeau de faibles brebis, il déchire, il égorge, il nage dans le sang ; et les bergers, loin de secourir le troupeau, fuient, tremblans, pour se dérober à sa fureur.

36. Ces barbares, qui espéraient de surprendre la ville, furent eux-mêmes surpris et déconcertés. Les sujets d'Aceste, animés par l'exemple et par les ordres de Mentor, eurent une vigueur dont ils ne se croyaient point capables. De ma lance je renversai le fils du roi de ce peuple ennemi. Il était de mon âge, mais il était plus grand que moi ; car ce peuple venait d'une race de géans qui étaient de la même origine que les Cyclopes. Il méprisait un ennemi aussi faible que moi. Mais, sans m'étonner de sa force prodigieuse ni de son air sauvage et brutal,

je poussai ma lance contre sa poitrine, et je lui fis vomir, en expirant, des torrens d'un sang noir. Il pensa m'écraser dans sa chute ; le bruit de ses armes retentit jusqu'aux montagnes. Je pris ses dépouilles, et je revins trouver Aceste. Mentor, ayant achevé de mettre les ennemis en désordre, les tailla en pièces, et poussa les fuyards jusque dans les forêts.

37. Un succès si inespéré fit regarder Mentor comme un homme chéri et inspiré des dieux. Aceste, touché de reconnaissance, nous avertit qu'il craignait tout pour nous, si les vaisseaux d'Énée revenaient en Sicile : il nous en donna un pour retourner sans retardement en notre pays, nous combla de présens, et nous pressa de partir pour prévenir les malheurs qu'il prévoyait : mais il ne voulut nous donner ni un pilote ni des rameurs de sa nation, de peur qu'ils ne fussent trop exposés sur les côtes de la Grèce. Il nous donna des marchands phéniciens, qui, étant en commerce avec tous les peuples du monde, n'avaient rien à craindre, et qui devaient ramener le vaisseau à Aceste quand ils nous auraient laissés à Ithaque.

38. Mais les dieux, qui se jouent des desseins des hommes, nous réservaient à d'autres dangers.

FIN.

Calypso ne pouvait se consoler du départ d'Ulysse. Dans sa douleur elle se trouvait malheureuse d'être immortelle. Sa grotte ne résonnait plus de son chant; les nymphes qui la servaient n'osaient lui parler. Elle se promenait souvent seule sur les gazons fleuris, dont un printemps éternel bordait son île; mais ces beaux lieux, loin de modérer sa douleur, ne faisaient que lui rappeler le triste souvenir d'Ulysse, qu'elle y avait vu tant de fois auprès d'elle. Souvent elle demeurait immobile sur le rivage de la mer, qu'elle arrosait de ses larmes; et elle était sans cesse tournée vers le côté où le vaisseau d'Ulysse, fendant les ondes, avait disparu à ses yeux.

1, 2, 3, 4, 5, 6, 7, 8, 9, 0.